AF502527

JUGEMENT

RENDU CONTRE

J. ROTHSCHILD

ET CONTRE

GEORGES DAIRNVÆLL,

Auteur de l'histoire de Rothschild Ier,

PAR

LE TRIBUNAL DE LA SAINE RAISON,

ACCOMPAGNÉ D'UN JUGEMENT

SUR L'ACCIDENT DE FAMPOUX.

PARIS,

ALBERT FRÈRES, ÉDITEURS,

67, RUE RICHELIEU, VIS-A-VIS LA BIBLIOTHÈQUE.

1846.

SOMMAIRE.

Question de compétence. — Interrogatoire de Rothschild et de Satan. — Quel est votre nom ? Quelle est votre profession ? Connaissez-vous les charges de l'accusation ? — Défense de Rothschild. — Arrêt précédé du développement et de l'appréciation des moyens de l'accusation et de la défense.

JUGEMENT

RENDU CONTRE

JAMES ROTHSCHILD

ET CONTRE

GEORGES DAIRNVÆLL.

QUESTION DE COMPÉTENCE.

Qu'y a-t-il? pourquoi cette foule?
Assomme-t-on quelqu'un à coups de massue?
Non; non c'est rien. On torture un juif.
(*Vieux conte allemand*).

Un écrivain sans nom, sans position, sans titre ni rang, pas même Chevalier de la Légion-d'honneur ou académicien, un *écrivassier obscur a eu dans sa vie une mauvaise idée : il a élevé sa voix glapissante et criarde contre le plus puissant de la terre*, contre l'homme le plus riche du monde, contre l'homme qui se moque de la pourpre des empereurs et des rois, contre *Rothschild*.

Il a réussi, le malheureux, à détacher de sa coquille d'or le polype, il a réussi à le faire sortir de ses piles de lingots, des billets de banque, des coupons d'actions et de le faire descendre dans la rue où les crieurs publics convoquent le peuple, la canaille, ses ennemis mortels, pour se réjouir du spectacle de voir accuser et condamner Rothschild, l'empereur de tous les juifs chrétiens et non-chrétiens, le roi de tous les parvenus.

Oui, en effet, c'est un spectacle rare: nous voyons les pauvres et les faibles vilipendés, condamnés, traînés à la claie; mais voir condamner un Rothschild, c'est inoui.

La déesse de la justice est devenue vieille, elle a perdu ses sens comme les vieilles coquettes perdent leurs dents; son goût est corrompu, son nez ne flaire plus un certain gibier.

Aveugle depuis sa naissance, elle a fermé la seule oreille qu'elle avait pour les plaintes des pauvres.

La déesse Justice est définitivement blasée, elle n'admet plus qu'un crime noble et honoré puisse être un crime: à Charenton ! qui ose plaider contre un Rothschild !

Princeps legibus solutus est.

Mais si la déesse Justice est sourde, Rothschild ne l'est pas. A ses oreilles résonne encore la vieille malédiction avec laquelle la population poursuivait le juif-errant pendant dix-huit siècles; ses entrailles tressaillent encore au seul souvenir de l'époque Messianienne de 1793, où la France abolissait de fait et de droit l'anathème qui pesait sur les juifs, et donnait aux juifs riches les mêmes droits et la même liberté qu'aux riches chrétiens. Son cœur bat de joie au souvenir de 1830 où le peuple vainqueur abdiquait et donnait le pouvoir aux millionnaires.

Et vous voulez qu'il soit sourd aujourd'hui, quand le même peuple dont il tient ses droits lui crie et lui demande : « Qui êtes-vous, toi et les tiens? D'où » tiens-tu tes richesses? Rends compte du sang de » nos frères que tes machines ont versé à Fampoux! »

Et Rothschild, les poches pleines de billets de

banque et d'actions, paraît en face du prolétaire, devant le peuple, chacun son pamphlet à la main, le prolétaire pour accuser et le millionnaire pour se défendre.

L'un est pauvre, mais indépendant; il écrit contre Rothschild une accusation qui, bien que signée *Satan,* ne vaut pas le diable. Cependant il a frappé juste, et son pamphlet a été traduit et contrefait dans toute l'Europe. La brochure de Satan était bien assez contrefaite comme ça.

L'autre est millionnaire. La prudence et le conseil qu'il ne peut pas se donner à lui-même, il les achète. Coûte qui coûte.

« Eh bien ! dit Rothschild, dois-je m'abaisser jusqu'à comparaître vis-à-vis d'un pamphlétaire, devant vos tribunaux ? »

Ils se sont concertés et ils ont répondu :

« Descends avec cet homme dans la rue.—Prends
» une bannière où tu feras peindre un âne, un bo-
» hémien et autres singeries. — Le peuple est un
» grand badaud, cela l'amusera. »

» Joins à l'absurde le pathos, et l'hypocrisie, et la
« peur factice de Jehova le vengeur.— C'est encore
» un moyen de leurrer le peuple ; car le peuple est
» crédule et il s'ennuie. » —

» Et après, moque-toi de ton accusateur et de
» toute cette meute hurlante. — Invite-les comme
» la statue invite Don Juan dans le festin de Pierre
» à te suivre devant le tribunal du juge éternel,
» du Dieu des Dieux.— Renvoie le procès au juge-
» ment avec lequel on apaise depuis des siècles les
» malheureux, les mendiants, les parias, au juge-

» ment dernier : la canaille est d'une bonne pâte,
» cela suffira pour la faire taire. — Et toi, Roth-
» schild, tu n'en as rien à craindre. — D'ici au der-
» nier jugement, on ne sait ce qui peut arriver, et
» franchement tu n'y crois pas. C'est bon pour le
» prolétaire qui est fait pour tout croire, pour tout
» craindre. »

Et Rothschild se rend à ces conseils, et il s'écrie :

» *Dieu est le vengeur du petit.*

» *Sa cause est la cause du petit.*

» *Dieu est démocrate.*

» *Dieu est égalitaire.*

» *Dieu est républicain par excellence.*

» . . . .

» *L'égalité, l'égalité réelle, indomptable, déses-*
» *pérante pour l'orgueil et l'opulence, du talent ou*
» *de la force, voilà ce qui nous attend tous devant*
» *le tribunal de Dieu, le seul absolument et inalté-*
» *rablement populaire, démocrate et niveleur.*

» *Est-ce celui-là qu'un républicain devrait récu-*
» *ser !* »

Eh bien ! Rothschild ! Tu choisis le tribunal de Dieu. — Tu jettes au vent ta toison d'or; — tu veux mettre ton ame sur l'une et ton accusateur sur l'autre balance et tu veux que Dieu fasse pencher les écuelles ! Est-ce bien sérieux ? Le veux-tu bien ? Sans hypocrisie, sans jeux de mots. — Réfléchis avant de dire oui ! car je te prendrai sur ta parole. Réfléchis bien, car je te demande plus que le Schyloc de Schakespeare n'a demandé au marchand Antonio. Si tu as peur, si tu dis non, il te faudra alors te justifier ici-bas et devant ce même peuple que tu

méprises. Pour la troisième et dernière fois, réfléchis bien; car moi « *je ne ris pas comme il te plait*
» *de croire, je ne hausse pas les épaules et je ne dis*
» *pas avec dédain que Dieu n'a pas à intervenir*
» *dans nos différends.* »

Non, tu te trompes, j'admets son intervention. — Qu'il juge entre nous, et si tu veux, allons devant lui. — Pends-toi ou jette-toi sous les roues de tes locomotives. — Elles sont accoutumées à voir le sang.

Voilà le chemin pour arriver devant ce tribunal suprême. — Va, je t'y suivrai.

Mais tu trembles! Que sont devenus l'orgueil et la fierté avec lesquels tu appelais de l'accusation des hommes au jugement de Dieu, — n'oses-tu plus démontrer que ce Dieu qui fait par sa grace les rois et les princes, qui comble de richesses toi et tes semblables, et qui laisse dans la misère des millions de malheureux est le Dieu des riches et des puissants : » *le plus démocrate et le plus égalitaire de tous les êtres.* » Eh! tu croyais que je rirai et que je hausserai les épaules? Tu espérais que le mendiant en haillons aurait honte de paraître devant le Deu ennobli par toi, et que tu m'échapperais ainsi?

Non, non! j'y vais plus lestement que toi. *Omnia mea mecum porto;* je ne laisse rien sur la terre!

Et si tu oses infliger à Dieu ces épithètes injurieuses de Démocrate et d'Egalitaire (car tu sais bien que dans notre société monarchique ce sont des désignations injurieuses), moi à mon tour je pourrai lui donner le nom honorable d'un Dieu dynastique, monarchique, conservateur, d'un Dieu Rothschildien.

Eh bien devant ce Dieu, devant *ton* Dieu je te suivrai. Mais hâte-toi. Va!

Tu ne veux pas, tu trouves le mendiant encore plus cruel que Schylok le juif de Venise. — Celui-là ne demandait qu'une livre de viande de chrétien. — Moi, je te demande le juif tout entier! Et tremblant tu dis: — « *en attendant je vais vous donner quelque peu les étrivières dans ce monde.* » Eh bien! soit, dans ce monde-ci!

Les paroles bourdonnèrent encore dans la foule lorsque Rothschild et Satan parurent devant le tribunal.

INTERROGATOIRE.

QUEL EST VOTRE NOM?

— *Plaignant, votre nom?*

— Mes amis le connaissent et je ne l'ai jamais caché à mes ennemis. Je me suis donné le nom de Satan, quoique marié, oubliant que tout diable portait des cornes.

— Votre adversaire prétend que vous vous nommez *Benoist-François Macarel.*

— Mon adversaire ayant inventé contre moi une autre lâcheté, pouvait bien me donner aussi un antre nom que le mien. — Le nom de GEORGES DAIRNVÆLL est le mien. Quand à Macarel, c'est un être créé à l'image de son auteur. — Et après tout, est-ce un nom que Benoist-Louis-François-Macarel. Çà dit-il quelque chose? Est-il dans l'almanach de commerce? Connaît-on à la bourse un Macarel? A-t-on vu de ses billets en circulation?

le nomme-t-on parmi les actionnaires des chemins de fer, mines, canaux et autres commandites? Non Eh bien ! à quoi me servirait ce nom? Qu'en ferais-je?

— Soit, plaignant, vous ne vous appelez pas *Macarel*, mais Georges Dairnvæll, peu m'importe Pour moi, Satan ou Dairnvæll ne sont rien, moins que rien. Seul et moins que rien, comment avez-vous osé vous attaquer au grand, au puissant Rothschild.

— L'opinion publique m'aurait soutenu si je n'avais mêlé à ma brochure de stupides accusations contre les juifs.

— Et vous, l'accusé, quel est votre nom?

— Je me nomme Rothschild tout simplement, — quand je vends, achète et profite. Je me nomme Baron de Rothschild, quand je daigne apparaître dans le cercle de mes très humbles sujets, les ministres et les diplomates. Mon accusateur m'appelle Rothschild Ier, roi des juifs; il aurait pu avec plus de raison me nommer le juif Rohtschild, roi du monde, parce que tout le monde est aujourd'hui juif. Mon accusateur n'a pas de nom, le mien couvre toute une race, — il est le symbole d'une puissance qui étend ses bras sur l'Europe entière.

« *Allez dans toutes les banques et dans toutes les bourses de l'Europe*, » et vous trouverez que le nom Rothschild est honoré partout. Un chiffon de papier avec mon nom vaut de l'or. Je m'appelle James ici, Nathan là, Salomon dans l'est, Charles ou Lionel au sud, Anselme au nord. — *Semper idem.* — Partout et toujours je suis le même.... Rothschild, — autrefois on jurait par les Cresus, aujourd'hui on me nomme et tout est dit.

— Vous êtes fier de votre nom. Mais qu'est-ce que ce nom pour tous ceux qui n'en ont pas? Ne craignez-vous pas qu'un jour vous soyez tout seul d'un côté et eux de l'autre?

Une étoile plus brillante s'est élevée peu d'années avant la vôtre. Sorti du sein d'un peuple méprisé, vous êtes le roi de l'EPOQUE. L'autre, le fils de la Corse, l'enfant du peuple a été l'empereur et le dominateur de la moitié du monde. Vous avez des millions, il avait des millions et des bayonnettes, — et pourtant il tomba. C'est que sa puissance était devenue un fardeau pour tous; c'est que ceux qu'il a enrichis avaient hâte de l'abandonner; et le peuple l'a vu partir lui et sa race sans verser une larme!

Votre puissance serait-elle plus solide, votre génie plus grand, vos satellites plus fidèles?

Maintenant ce monde marchand vous adore: le courtier parce qu'il gagne sur vous, les petits spéculateurs, parce qu'ils gagnent derrière vous, les gros capitalistes parce qu'ils espèrent gagner comme vous, toute la bourse enfin parce qu'elle s'adore elle-même en vous, et que dans des circonstances difficiles elle peut rejeter ses torts, ses folies, ses infamies sur vous.

Mais ne craignez-vous pas qu'un jour vienne où votre puissance leur apparaîtra trop redoutable, où ils n'auront plus rien à espérer, et tout à craindre de vous, où votre nom, qui aujourd'hui leur sert de bouclier, se dressera devant eux comme un épouvantail?

Et alors tous ils vous abandonneront comme les maréchaux d'or ont abandonné l'Empereur. — Et le peuple que vous abandonnez aujourd'hui restera sur votre passage l'œil sec et les bras croisés.

Qualité des parties.

— Plaignant, quelle est votre profession ?

— *Gens-de-lettres.*

— On vous dit sans le sou.

— La misère n'a jamais déshonoré, mais du reste, je suis loin d'être malheureux. Je vis largement de mon travail, et je regarde comme la dernière ignominie de se trouver obligé de vendre sa plume.

— On vous accuse cependant d'avoir offert la vôtre.

— Quand j'ai traité de lâches et de calomniateurs ceux qui l'ont dit, ils n'ont pas répondu.

— Satan, si vous aviez autant d'esprit que de colère, vous seriez un bon pamphlétaire ; malheureusement la colère vous tient lieu de tout.

— La colère est sainte quand on pense à des Rothschild et à leurs complices.

Ce sont eux qui pompent comme des vampires le sang nécessaire à notre existence par mille et mille canaux : ils nous prennent l'air vital, ils exténuent nos forces. — Ne faut-il pas pour qu'un Rothschild, dans une vie de soixante-dix ans, goûte l'essence décuple de toutes les jouissances du monde, que des milliers de travailleurs vivent dans les privations et dans la misère ? Ils n'ont qu'à délier leur bourse pour avoir ce que nous autres arrachons à la terre, aux sueurs de notre front, ou ce que nous produisons par nos mains ou par notre esprit. — C'est à peine s'ils nous laissent, à nous qu'ils regardent comme des machines, de quoi vivre, — un peu d'huile pour graisser les roues.

Et puis, ils nous disent en souriant : « Vous pouvez devenir aussi des Rothschild, des ministres ; le bâton de maréchal est dans la giberne du conscrit.

« Étudiez, acquérez des connaîssances, augmentez par ces mêmes connaissances vos désirs et vos besoins ! » — Et nous croyons à leurs paroles, malheureux que nous sommes !

Et quand nous avons consacré toute notre jeunesse aux études, quand nous sommes devenus hommes, voilà que les Rothschild ont pendant ce temps accaparé tout pour leurs fils, leurs cousins, leurs neveux, leurs protégés, — et nous restons prolétaires plus malheureux qu'auparavant.

— Accusé Rothschild, vous avez entendu la confession de ce prolétaire. Il se loue et se blâme à mesure égale.

Maintenant veuillez dire avec la même franchise quelle est votre profession ?

— *Moi ?* je suis l'homme le plus riche du monde, et je tourne et retourne mes capitaux en me conformant aux lois du pays.

Moi ? Je suis Rothschild, je fais des emprunts, des spéculations dans tous les genres. — J'achète d'immenses propriétés territoriales, je fais des chemins de fer, — j'exploite tout ce qui est exploitable.

Je suis Rothschild, le plus grand banquier, le créancier de tous les princes et de tous les états. Je prête à chacun qui me donne les garanties nécessaires à cinq pour cent. — J'y gagne quelquefois 10, 20, 100 et même 200 pour cent. — C'est la loi des spéculations qui ne peuvent pas avoir de concurrence.— Tout cela, les tribunaux et les mœurs, non seulement admettent, mais imposent comme un devoir à tout bon père de famille.

Aussi je n'ai jamais rien à démêler avec la justice, sinon quand j'ai besoin d'ordonnances de saisie gagerie, saisie-arrêt, prises de corps, et autres petites mesures de cette espèce contre de mauvais débiteurs.

J'ai en horreur *les mauvaises actions*, — le vol, l'escroquerie, et tous les délits scandaleux qui mènent les hommes à la correctionnelle ou aux assises.

Moi et ma famille, nous sommes le modèle de toutes les vertus bourgeoises et mercantiles. « *Allez donc dans toutes les banques et dans toutes* « *les bourses de l'Europe, et je vous défie de trouver* » *une opération de la maison Rothschild qui ne porte* » *pas le caractère de la droiture et de la loyauté.* »

Depuis que notre maison existe, nous avons toujours payé, même les samedis. Jamais notre crédit n'a été ébranlé. Une lettre de change signée : *Rothschild* vaut de l'or en barre.

Que voulez-vous après tout? Voulez-vous que pour singer la sincérité de mon adversaire je m'impute des crimes ou des vices qui me feraient condamner et punir?

La seule chose que je dois et puis vous avouer, c'est que je n'ai pas besoin de faire de mauvaises actions. Et voila pourquoi je m'estime heureux.

Notre devise est : *Concordia, industria, integritas.*

Nous sommes le dictionnaire vivant de toutes les vertus : je vous en ai donné l'énumération alphabétique dans ma brochure. — Les voici encore :

A. . . . Attention.
C. . . . Clarté.
E. . . . Etude, examen, exécution.
M. . . . Modération.
O. . . . Ordre.
P. . . . Patience, probité, prudence.
S. . . . Sûreté.

Quant aux lettres qui manquent, n'allez pas croire que les vertus nous manquent aussi; mais nous les taisons par modestie. Nous avons déjà tant d'envieux pour nos richesses. — Que ferait-on si l'on connaissait toutes nos vertus !

— C'est bien, je sais maintenant comme vous vous jugez vous-même ; — vous pouvez être sûr que je vous jugerai *sine ira et odio*.

DÉFENSE.

— Connaissez-vous les charges de l'accusation ?

— Je crois que oui. Je vous ai déjà dit pourquoi m'a attaqué Satan ! c'est par avidité.

Je crois aussi comprendre pourquoi mille et mille qui ont lu le pamphlet satanique s'en sont réjouis et ont ainsi fait chorus avec la haine et la persécution. —Je compte avant tout le préjugé religieux.

Il n'existe pas, il est vrai, *officiellement*, mais un certain parti ennemi de la liberté, de la tolérance et de la lumière le nourrit et le soutient toujours secrètement.

Si Rothschild était chrétien, on le haïrait moins.

Savez-vous ce que les chrétiens ne peuvent pas

nous pardonner ? C'est que le principe juif, le principe de la domination pécuniaire à tout prix a enfin vaincu tout, qu'il s'est infiltré dans la bourgeoisie chrétienne et en est devenue l'ame.

Voyez en effet, cette bourgeoisie, elle est à genoux devant ce veau d'or juif, qu'elle a poursuivi par tous les moyens arbitraires et légaux depuis deux mille ans. La base de nos codes, de notre législation, c'est-à-dire l'acquisition et la possession civile, assurée exclusivement au possesseur, l'utilisation perpétuelle de cette possession pour acquérir de nouveau, en un mot l'exploitation illimitée de la propriété, c'était la doctrine héréditaire des juifs.

L'ancien Messie est un juif, le nouveau Messie l'est aussi. Voilà ce que les chrétiens ne nous pardonneront jamais et nous aurons peut-être à souffrir pour le nouveau Messie, ce que nous avons souffert pour le premier.

Et encore ils pardonneront plutôt au principe juif de s'être élevé à ce degré de domination, qu'au juif, individu, d'être parvenu aux plus grands honneurs.

La seconde cause est que je suis énormément riche. L'envie, la mère de la haine, a poursuivi toujours les riches.

Je suis riche, et je suis forcé de faire en quelque sorte parade de ma richesse. Voilà ce qui les chagrine encore davantage.

Et pourtant je ne le fais pas par ostentation. Ma position même l'exige.

La spéculation en secret avec des moyens comme ceux dont je dispose est impossible. Dois-je enfouir mes trésors? Ne faut-il pas que je fasse publiquement mes emprunts, mes chemins de fer, que j'occupe une foule de personnes, que mon nom enfin retentisse à chaque instant d'un bout du monde à l'autre? Ce sont autant de crimes aux yeux des envieux. Ajoutez que leur position subalterne et obscure ne leur permet ni de connaître ni de comprendre les moyens et les voies employées dans l'exploitation de mes affaires.

Ils mesurent avec leurs aunes de tailleurs ou avec leurs mètres des marchands détaillants, mes entreprises colossales dont ils n'ont pas même l'idée bien claire.

Voilà comme ils arrivent à m'imputer comme source de ma fortune toujours croissante des actions coupables, des moyens condamnables, là où il n'y a que des combinaisons grandioses et d'immenses leviers mis en jeu, j'ose le dire, avec une habilité extraordinaire.

Mais jusqu'ici la haine n'avait pas éclaté.

Il fallait une occasion spéciale pour délier les langues.

La catastrophe de Fampoux arrive et aussitôt les corbeaux et les hiboux de la presse et de l'opinion publique se rassemblent autour de moi et croassent leur chorus d'accusations.

On me rend responsable de la catastrophe de Fampoux.

Moi, pourquoi?

Est-ce parce que le chemin du nord m'appartient?

Est-ce parce que je suis assez riche pour l'avoir construit avec mon argent?

Est-ce parce que dans une entreprise aussi colossale j'ai fait aussi des profits immenses?

Est-ce pour tout cela que je dois être responsable de ce malheureux accident qui a coûté la vie à quatorze personnes?

Je déclare ici, quant à moi, que je ne connais pas la cause de ce malheur, — et j'affirme que mes ennemis ne la connaissent pas mieux que moi.

L'académie des sciences a montré qu'elle était aussi sous l'influence de la préoccupation générale des esprits, lorsque, dans sa dernière séance sans connaissance de cause ni compétence aucune, elle se plaignait *de la négligence coupable avec laquelle on se joue de la vie des voyageurs transportés sur les chemins de fer*, décochant ainsi un trait sur l'accident de Fampoux.

L'état sous les lois duquel je vis comme tout autre citoyen, le pouvoir régnant qui m'est aussi sacré qu'au temps de Charles X, doivent rechercher les causes du malheur, et s'ils les trouvent, et que ma culpabilité en résulte, alors j'accepterai votre haine et votre vengeance, car alors vous serez dans votre droit.

Jusque là taisez-vous, ou permettez-moi désormais d'ignorer vos attaques.

ARRÊT :

Vu deux pamphlets intitulés :

1° Histoire de Rothschild Ier, roi des Juifs, etc., par Satan.

2° Réponse de Rothschild I, roi des Juifs, etc.

Ouï les deux parties dans le développement de leurs moyens,

Après avoir examiné et pesé mûrement leurs explications et les autres circonstances concernant l'affaire, arrivées à notre connaissance,

Guidés par notre conscience de notre complet désintéressement vis-à-vis des deux parties que nous n'avons jamais jusqu'à présent ni vues ni connues;

Attendu que Satan s'est présenté en qualité de plaignant, mais que devant le tribunal de la saine raison ce rôle ne le protége pas contre un jugement;

Attendu que quant à lui on ne peut pas lui refuser le seul mérite, celui d'avoir attaqué directement et dans le moment opportun un système qui fait la misère et le désespoir de millions d'hommes;

Attendu que ce prolétaire, hors ce mérite, n'a justifié son accusation ni par la forme digne d'un si important sujet, ni par l'amour sévère de la vérité ni par la précision d'un but vraiment social et capable d'éveiller les sympathies du peuple;

Que par le fait, il s'est mis plutôt du côté de ceux qu'il attaque, c'est-à-dire des spéculants, quoique son individualité obscure et les minces moyens dont il dispose ne lui permettront jamais d'élever ses spéculations à la hauteur de ceux de la Caste représentée par la personne du nommé Rothschild;

Quant à l'accusation contre Rothschild :

Attendu qu'il est constant que par une sage utilisation des évènements et de la disposition générale du siècle, sous la protection d'une législation favorable, à l'égoïsme personnel et au principe juif, il est devenu le plus riche capitaliste du monde,

Que cette richesse n'a son origine dans aucune de ces actions que les lois désignent comme crimes ou délits, et qu'à cet égard, Rothschild est pur de toute tache et reproche;

Que toutes les vertus bourgeoises et commerciales dont il fait l'énumération dans son pamphlet, ne sont que l'émanation de l'égoïsme ou des actions de la prudence et de la sagacité commerciale qui, avant tout, veut la sûreté du gain et la jouissance non troublée de la propriété;

Que pourtant la légitimité civile de la possession exclusive de tant d'immenses valeurs ne peut jamais détruire cette vérité : qu'elle est pour l'immense majorité d'hommes du peuple la source perpétuelle de la misère et le moyen d'assujétissement;

Attendu qu'il a fallu malheureusement qu'il y eût dans l'histoire humaine une époque dans laquelle la propriété territoriale convertie en numéraire, jouerait le même rôle important qu'a joué jadis la propriété féodale, et comme par la nature mobile de l'argent, il est plus facile d'amasser d'énormes richesses et d'acquérir par cela même une domination universelle d'autant plus sûre et moins responsable qu'elle est *non* officielle;

Que dans le système pécuniaire actuel, cette domination a pris une extension si énorme qu'elle absorbe l'existence des masses,

Attendu qu'il n'y a pas de mérite pour un Rothschild de n'avoir pas eu de démêlés avec les tribunaux et d'avoir toujours rempli ses engagements commerciaux;

Attendu que pour lui les délits de commission

sont impossibles parce qu'il peut acheter légalement chaque jouissance que le pauvre paie quelquefois par un crime;

Mais qu'au contraire, tous les délits d'omisssion pèsent sur la tête de celui qui, en possession de trésors presque surhumains, ne cherche qu'à les augmenter sans venir en aide à l'humanité souffrante en fondant et en soutenant des établissements d'un intérêt vraiment général et social;

Attendu qu'il faut juger toutes les entreprises des Rothschild de ce point de vue, qu'elles ne sont ni conçues, ni exécutées au profit de l'humanité, mais pour leur intérêt personnel et comme objets d'exploitation.

Que *in thesi* le nom Rothschild est aussi connu par de grandes aumônes et des établissements de bienfaisance, qui *ostensiblement* doivent diminuer la pauvreté et la mendicité, mais qui au fond les reconnaissent et les propagent;

Que l'établissement de grands chemins de fer à ses frais, n'a pas pour but la fraternisation et l'amalgamation de toute la race humaine, mais seulement le gain industriel et commercial;

Enfin, en ce qui concerne le reproche spécial à cause du malheur de Fampoux;

Attendu que jusqu'ici ce reproche ne paraît pas fondé *in forma*,

Que dans la position actuelle des parties on ne peut ajouter foi entière, ni aux rapports dressés par les ingénieurs du gouvernement et de l'administration, ni aux insinuations des journaux de l'opposition;

Que ce reproche prouve seulement l'instinct naturel du peuple qui craint de voir tant de pouvoir réuni dans une main, et non pas la justesse de son jugement ;

Que la panique qui en résulte a sa source plutôt dans la *possibilité* d'un abus à venir, que dans la réalité d'un abus consommé, et aussi dans l'impression profonde produite par la grandeur du malheur;

Attendu que si les indemnités pécuniaires ne peuvent pas rappeler les morts à la vie, Rohtschild n'a pas au moins jusqu'à présent employé sa fortune pour adoucir la triste situation des parents des victimes de Fampoux ;

Par ces moyens :

Nous reconnaissons à Satan le mérite d'avoir amené sur le terrain le sieur Rothschild ; nous le blâmons d'avoir eu si peu de talent dans une telle cause, et de l'avoir compromise par la vulgarité de la forme,

Déclarons l'existence de Rothschild provoquée par le développement de la bourgeoisie comme un des plus graves résultats de la désorganisation sociale ;

Déboutons Rothschild de la responsabilité personnelle du malheur de Fampoux, qu'on ne peut attribuer ni à sa volonté, ni à sa négligence.

Et condamnons les parties pour tous frais et dépens, savoir :

Le sieur Rothschild à garder ses richesses, à les augmenter, à gagner sur tout et partout et à vivre ne Rothschild étant millionnaire,

Et Satan à lire chaque jour de deux fois sa brochure, le matin à jeun dans sa mansarde et le soir en contemplant le brillant palais et les caisses barrées de Rothschild (1).

(1) L'ouvrage de Satan, *Rothschild Ier*, s'est vendu à plus de 60,000 et a été traduit dans toutes les langues. Du reste, Satan ne peut déjeuner que dans les enfers ; quand à Dairnvæll, loin d'habiter une mansarde, il loge à un premier étage ; cela ne lui donne pas plus d'esprit, mais cela ne lui en ôte pas non plus. (*Note de l'Éditeur*).

Imprimerie de M. CERF, rue Royale, 144 à Sèvres.

LE MARCHAND DE BOIS

CHANSONNETTE.

AIR : *C'est l'amour, l'amour, l'amour*, etc.

Vive le marchand de bois,
A ce commerce je m'exerce,
Bon vivant, riant par fois,
C'est le marchand de bois.

1er COUPLET.

Approchez toutes jeunes filles,
Venez admirer mon sapin,
C'est le bois qui vous fait des quilles,
On le voit polir sous la main.
Mon noyer, pour couchette
Est un excellent bois,
Je le vends aux fillettes
Au terme de neuf mois.

Vive le marchand de bois, etc.

2e COUPLET.

L'autre jour la prude Clémence,
Pour du charme prit du noyer,
Son bois tout débité d'avance,
M'offrait quelque chose à gagner ;
Mais grand Dieu ! quelle alarme,
Le bois reste invendu,
Et je vois que son charme
Hélas ! est trop fendu.

Vive le marchand de bois, etc.

3e COUPLET.

Aux grands, aux ministres, aux princes,
J'offris mes poutres de réga,
Leurs fauteuils, leurs troncs sont minces,
Le vent du peuple les abat.
A l'amant qui voltige
Inconstant, aujourd'hui,
J'offrirai ma voliige,
Légère comme lui.

Vive le marchand de bois, etc.

4e COUPLET.

Pommier, peuplier, bois d'ébène,
Palissandre, acajou, cormier,
Grisart, tilleul, if, orme, chêne,
On trouve tout dans mon chantier.
Pour gagner je dois être
Économe de frais,
Mais vous pourrez connaître
Le nombre de mes traits.

Vive le marchand de bois, etc.

5e COUPLET.

Des jeunes filles qui lui achète,
Il veut avoir le règlement :
C'est une convention faite,
Elles ne peuvent être autrement,
S'il lui vient quelques belles
En critique un moment,
Jamais n'accepte d'elles
L'offre du règlement.

Vive le marchand de bois, etc.

Sèvres. — Imprimerie de M. Cerf, rue royale, 144.

www.ingramcontent.com/pod-product-compliance
Ingram Content Group UK Ltd.
Pitfield, Milton Keynes, MK11 3LW, UK
UKHW020949220726
13924UKWH00002B/579

9 782019 910389